LES MONSIEUR MADAME
découvrent l'Atlantide

MONSIEUR MADAME™

Publié pour la première fois par Egmont sous le titre *Mr. Men Adventure under the sea* en 2017.

LES MONSIEUR MADAME découvrent l'Atlantide

Roger Hargreaves

Écrit et illustré par Adam Hargreaves

hachette
JEUNESSE

Ce matin-là, madame Follette avait fait un achat, ce qui est assez normal, n'est-ce pas ? Mais ce qu'elle avait acheté était loin d'être normal.

Elle s'était offert un sous-marin !

Et pourquoi un sous-marin ? Eh bien c'est exactement la question que monsieur Heureux lui posa.

– Je ne sais pas, admit madame Follette, en haussant les épaules.

Elle vivait au milieu de la forêt,
en pleine campagne,
au cœur même de la Bizarrance,
un pays situé très loin de la mer.

Et elle avait acheté un sous-marin !

Madame Follette portait décidément bien son nom.

– Nous devrions emporter votre sous-marin
jusqu'à Merville, suggéra monsieur Heureux.

Et c'est ce qu'ils firent.

À Merville, ils croisèrent madame Bonheur. Elle explosa de joie en voyant le sous-marin.

– C'est tout à fait ce dont j'avais besoin, dit-elle. J'organise justement une expédition sous-marine pour retrouver la cité perdue de l'Atlantide.

– Je perds souvent mes affaires, mais je n'ai jamais perdu une ville entière ! dit madame Follette. Nous allons vous aider !

Ils rassemblèrent un équipage et prirent la mer.

– Au secours ! On coule ! s'écria madame Follette, tandis que le sous-marin s'enfonçait sous l'eau.

Monsieur Heureux dut alors lui expliquer comment fonctionnait un sous-marin…

– Bien, dit madame Follette, quelle est la direction de l'Atlantide ?

– C'est une cité perdue, répondit madame Bonheur.

– Et alors ? demanda madame Follette.

– Eh bien, ce ne serait pas une cité perdue si on savait où elle se trouvait, expliqua madame Bonheur.

– Peut-être que l'on va voir des sirènes, dit madame Follette.

– Ne dites pas de bêtises, rit madame Bonheur. Les sirènes n'existent pas.

Tandis qu'ils cherchaient l'Atlantide, ils s'approchèrent des récifs. Les couleurs scintillantes des coraux étaient splendides.

– C'est si joli ! On dirait un jardin aquatique, dit madame Indécise. Ou peut-être un magasin rempli de bonbons ? Ou bien une peinture ?

Madame Indécise avait toujours des difficultés à se faire un avis.

Au milieu des coraux, il y avait de nombreux poissons, tous très différents. On trouvait des gros poissons, un peu comme monsieur Glouton.

Mais aussi des petits poissons, comme madame Petite.

Des poissons qui avaien l'air grognon, comme monsieur Grincheux.

Ou des poissons tout tremblotants, comme monsieur Peureux.

Ou encore des poissons tout maigres comme… monsieur Maigre.

Et des poissons à pois, que madame Follette trouvait particulièrement jolis.

Il y avait décidément de nombreux poissons dans la mer !

– Regardez ! C'est une anguille électrique, remarqua monsieur Heureux. Ne la touchez surtout pas, ajouta-t-il.

Trop tard !

Le pauvre monsieur Glouton avait reçu une décharge électrique.

– Maintenant, je sais ce que ressent un poisson frit, dit monsieur Glouton en tremblant, une fois qu'il fut ramené sain et sauf à bord du sous-marin.

Leurs recherches les amenèrent au fond de l'océan. Plus le sous-marin s'enfonçait dans les profondeurs sous-marines, plus l'obscurité se faisait dense… jusqu'à ce qu'il fasse noir comme dans un four !

Mais même lorsqu'il faisait sombre, il y avait encore des poissons.

De drôles d'espèces de poissons…

– On dirait des extraterrestres, dit monsieur Heureux.

Malgré leurs recherches, il n'y avait toujours pas la moindre trace de l'Atlantide dans les profondeurs de l'océan. Si bien que le sous-marin commença à remonter.

Soudain, une baleine surgit des eaux profondes.

Une baleine endormie !

GLOUP !

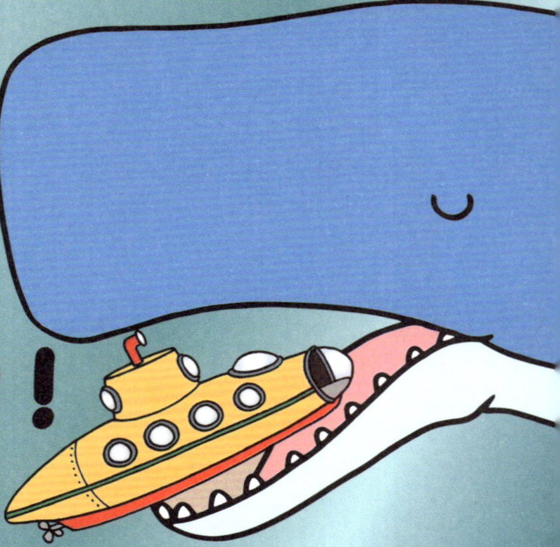

L'animal ouvrit la bouche,
se mit à bâiller…

Et avala le sous-marin dans
un énorme « GLOUP » !

– Au secours ! couina monsieur Peureux.

Ils se trouvaient maintenant à l'intérieur de la baleine !

– AU SECOURS ! hurla monsieur Peureux, beaucoup plus fort que la fois précédente. Nous avons été avalés par une baleine. Oh ! là, là ! On ne s'en sortira jamais. Quelle calamité ! Comment va-t-on s'échapper ?

Mais personne, dans le sous-marin, n'avait la réponse…

BURP!

Comme tu peux t'en douter, les baleines n'ont pas vraiment l'habitude d'avaler des sous-marins, et cette baleine ne faisait pas exception !

Son estomac se mit à gargouiller. Le sous-marin avait donné une indigestion à la baleine ! Et la baleine rota.

Un rot surpuissant.

Un rot si fort qu'il fit un écho retentissant dans tout l'océan !

BURP !

Et tel un coup de canon, le sous-marin fut éjecté de la baleine.

Quelle chance !

Mais ce n'était pas tout, car sans le savoir, la baleine les avait drôlement aidés dans leurs recherches.

Le sous-marin évoluait maintenant à travers les ruines d'une ville antique.

Une ville ancienne, submergée par la mer...

– L'Atlantide ! s'écria madame Follette.

– Vous en êtes sûre ? demanda madame Bonheur.

– Oui, regardez, il y a un panneau ! répondit madame Follette en pointant du doigt un bloc de pierre sur lequel était gravé le mot « Atlantide ».

– Oh ! s'émerveilla madame Bonheur.

ATLANTIDE

Au milieu des ruines, ils découvrirent de nombreux objets. Madame Bonheur était très excitée.

Il y avait des statues, des vases, des pièces de monnaie, une épée et même un ancien bateau.

Il s'agissait bien d'une civilisation perdue tout entière !

Mais c'est madame Petite qui fit
la plus grande des découvertes.

Une sirène !

– C'est fou ! s'exclama madame Bonheur, lorsque madame Petite la lui montra.

– Ça alors ! s'écria monsieur Heureux.

– Je ne peux pas en croire mes yeux, déclara monsieur Glouton.

– Je vous avais bien dit qu'on allait croiser une sirène, se réjouit madame Follette.

Et elle avait eu raison.

Ce qui ne lui arrive pas très souvent.

– Ce voyage a été une véritable réussite ! déclara madame Bonheur.

– Tout à fait, acquiesça monsieur Heureux en actionnant le périscope afin de voir où ils se trouvaient.

Ils étaient de retour à Merville !

Après avoir amarré le sous-marin, ils se rendirent dans une taverne près du port pour célébrer leur succès autour d'un *fish and chips* !

Taverne de la Sirène

– Alors comme ça, vous avez découvert l'Atlantide et rencontré une sirène ? se moqua un vieux pêcheur, assis près du feu.
C'est un poisson d'avril ?

RÉUNIS VITE LA COLLECTION ENTIÈRE

1 2 3 4 5 6 7 8 9

MME AUTORITAIRE — MME TÊTE-EN-L'AIR — MME RANGE-TOUT — MME CATASTROPHE — MME ACROBATE — MME MAGIE — MME PROPRETTE — MME INDÉCISE — MME PETITE

10 11 12 13 14 15 16 17 18

MME TOUT-VA-BIEN — MME TINTAMARRE — MME TIMIDE — MME BOUTE-EN-TRAIN — MME CANAILLE — MME BEAUTÉ — MME SAGE — MME DOUBLE — MME JE-SAIS-TOUT

19 20 21 22 23 24 25 26 27

MME CHANCE — MME PRUDENTE — MME BOULOT — MME GÉNIALE — MME OUI — MME POURQUOI — MME COQUETTE — MME CONTRAIRE — MME TÊTUE

28 29 30 31 32 33 34 35 36

MME EN RETARD — MME BAVARDE — MME FOLLETTE — MME BONHEUR — MME VEDETTE — MME VITE-FAIT — MME CASSE-PIEDS — MME DODUE — MME RISETTE

37 38 39 40 41 42 43 44

MME CHIPIE — MME FARCEUSE — MME MALCHANCE — MME TERREUR — MME PRINCESSE — MME CÂLIN — MME FABULEUSE — MME LUMINEUSE

DES **MONSIEUR MADAME**

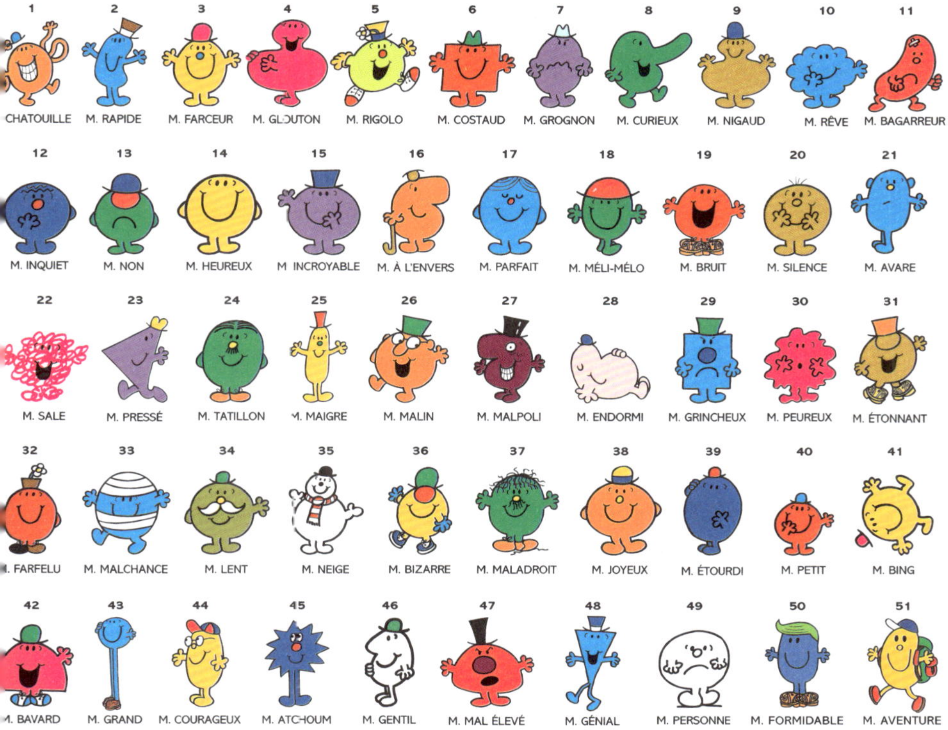

Traduction : Anne Marchand Kalicky.
Édité par Hachette Livre, 58 rue Jean Bleuzen 92178 Vanves Cedex.
Dépôt légal : février 2018.
Loi n° 49-956 du 16 juillet 1949 sur les publications destinées à la jeunesse.
Achevé d'imprimer par Canale en Roumanie.